W0060248

ERFAHRUNGEN DES SEINS

INNERE STUDIEN VERLAG

GOLDEN LOTUS SUTRAS
von Master Choa Kok Sui

Jenseits des Verstandes
(über Meditation)

Wunder sind möglich
(über Pranic Healing)

Mitfühlende Sachlichkeit
(über Charakterbildung)

Inspirierte Tatkraft
(über das Lehren)

Unmögliches Erreichen
(über spirituelle Unternehmensführung)

Kreative Transformation
(über spirituelle Praxis)

MASTER CHOA KOK SUI

GOLDEN LOTUS SUTRAS

ERFAHRUNGEN

DES SEINS

über das Leben

BODDHISATTVA PADMASAMBHAVA

auch bekannt als
Boddhisattva Mei Ling,
Begründer des Tibetischen Buddhismus.

Chohan Jig Mei Ling

Oberster Schüler von
Boddhisattva Mei Ling und
Vertreter der Nyingmapa-Tradition.

GRAND MASTER CHOA KOK SUI

Schüler von Boddhisattva Mei Ling,
Begründer der Pranaheilung
und des Arhatic Yoga.

GRAND MASTER MIT
CHARLOTTE ANDERSON

1. Auflage 2008

Titel der Originalausgabe:
„Experiencing Being" -
Master Choa Kok Sui:
„Golden Lotus Sutras on Life".

© Copyright 2004 by Master Choa Kok Sui,
Institute for Inner Studies, Inc.

Alle Rechte vorbehalten. Das Werk einschließlich
seiner Teile ist urheberrechtlich geschützt. Jede
Verwertung außerhalb der engen Grenzen des
Urheberrechtsgesetzes ist ohne die Zustimmung
des Institute for Inner Studies, Inc,
nicht gestattet.

Aus dem Englischen von Nicole Büttner

Titelfoto: Master Glenn Mendoza, M.D.

Druck und Verlag:
Innere Studien Verlags AG, München

ISBN: 978-3-939546-05-4

X

BEMERKUNG DES HERAUSGEBERS:

Die „Golden Lotus Sutras"
von Master Choa Kok Sui sind eine
Zusammenfassung von Mitschriften aus
Vorträgen und Seminaren, die Master
Choa Kok Sui in den letzten neun
Jahren gehalten hat.

Daher mag es für den Leser
manchmal nicht möglich sein, den
Zusammenhang des Gesagten voll-
ständig zu verstehen.

Zusammengefasst und editiert von
Charlotte Anderson mit Unterstützung
von Ma. Lourie Victor, Lanie Theo,
Swamiji Rolando A. Carbonell,
Gina Paraoan.

Mögliche Fehler oder Irrtümer
wurden verschuldet durch den Editor,
nicht den Autor.

WIDMUNG

Für Boddhisattva Mei Ling,

für seinen obersten Schüler
Chohan Jig Mei Ling,

für „Mang" Mike Nator,

für Charlotte Anderson

und für alle Arhatic Yogis
und Prana-Heiler
auf der ganzen Welt.

DANKSAGUNG

Dank dem Höchsten Gott,
für die unerschöpflichen Segnungen,

Dank an Mahaguruji Mei Ling,
auch bekannt als Boddhisattva
Padmasambhava, und seinen
obersten Schüler, Chohan Jig Mei Ling,
für die Lehren und Segnungen
in Äonen und ungezählten
Lebenszeiten,

an andere spirituelle Lehrer
für ihre Beiträge,

an „Mang" Mike Nator und andere
für die harmonische Zusammenarbeit in
vielen Lebenszeiten,

an Charlotte Anderson für das
Zusammentragen und Aufschreiben
der Aphorismen während der
vergangenen neun Jahre.

ÜBER DAS LEBEN

INHALT

ÜBER YANG UND YIN

Um tiefe spirituelle Lehren zu verstehen, müsst ihr dass Prinzip des Paradox begreifen. Yang enthält Yin und Yin enthält Yang.

Dem Prinzip der Verwandlung entsprechend muss ein Übermaß an Yang sich irgendwann zusammenziehen. Extremes Yang wird zu extremem Yin werden und umgekehrt.

Meditiert über diese Worte; denn sie haben eine kraftvolle und tief greifende Wirkung auf die verschiedenen Aspekte eures Lebens.

ÜBER LEBEN UND KRISEN

Lebt ein INTENSIVES AUSSERGEWÖHNLICHES Leben. Dann wird es euch nicht langweilig.

Ihr müsst fließen wie Wasser. Lernt „loszulassen", um mit der Situation im Einklang zu sein.

Ob ihr ein besseres Leben habt oder nicht, hängt von euch ab. Es kommt auf eure Einstellung an.

Es ist nicht gut, wenn ihr nicht mit der Unbeständigkeit des Lebens in Berührung kommt. Es ist so, als ob ihr keinen Krankheitserregern ausgesetzt wärt. Ihr könntet keine Immunstärke entwickeln, keine innere Stärke.

Im Leben könnt ihr nicht nur einen Faktor betrachten ohne die übrigen Aspekte zu berücksichtigen. IDEALISMUS MUSS MIT PRAGMATISMUS KOMBINIERT WERDEN! Spiritualität ist gut, doch ihr müsst auch Pragmatismus entwickeln.

Sinn für Humor ermöglicht euch, das Leben zu genießen und ihm realistisch zu begegnen.

Angst ist eine absolute Notwendigkeit. Sie hält uns am Leben. Doch ihr müsst unterscheiden zwischen Ängsten, die einen realen Grund haben und jenen, welche auf eurer Vorstellung beruhen.

Ungebändigte Angst kann gewalttätig oder gemein machen. Oft sind solche Menschen innerlich schwach. Angst kann Menschen dazu bringen ÜBERTRIEBEN zu reagieren.

Wenn ihr euch in einer Krise befindet, müsst ihr euch fragen: „Was ist das Problem? Entspricht diese Information der Wahrheit? Oder ist sie übertrieben und verzerrt? Wägt die Möglichkeiten gegeneinander ab.

Fragt euch:

Was kann getan werden? Was unterliegt eurer Kontrolle und was liegt nicht in euren Händen?

Bewahrt in einer Krise die Ruhe. Rastet nicht aus! Überlegt: was ist das Schlimmste, das passieren kann? Wenn die möglichen Folgen von geringer Bedeutung sind, trinkt eine Tasse Kaffee und genießt das Leben!

Bleibt ruhig! Seid wachsam! Seid konzentriert – selbst wenn ihr unter großem Druck steht!

Ihr müsst nicht völlig gesund sein, doch

emotional und mental müsst ihr stark und konzentriert sein.

Kraft schöpft man aus Selbstbeschränkung. Dampf in einem offenen Raum würde sich nur in alle Richtungen verteilen. Hingegen kann Dampf, der in einem Motor eingeschlossen ist, einen ganzen Zug in Bewegung versetzen. Nur Zielgerichtetheit und Beständigkeit von Zielsetzung und Bemühung führen zum Erfolg. Ein anderer Begriff für Zielgerichtetheit und Konstanz ist Selbstbeschränkung.

Lasst euch sich nicht vom Sog des Getümmels mitreißen. Lasst euch nicht in Gerüchte, Krisen und manipulative Machenschaften verstricken. Der Schlüssel liegt darin, spirituell über den Dingen zu stehen!

Meditiert! Hebt Euer Bewusstsein an, so dass der Schmutz euch – die Seele – nicht berühren kann!

Gleichartige Energiequalitäten ziehen sich an. Liebevolle Güte zieht Liebe und Freundlichkeit an. Ärger und Hass ziehen Ärger und Hass auf sich.

Visualisiert Liebe und Güte und strahlt sie aus! SEID RUHIG! Badet in den Gewässern von Liebe und Glückseligkeit!

Der Sturm wird sich selbst erschöpfen. Nach dem Sturm wird Ruhe und Frieden einkehren.

Verliert nicht den Mut. Fürchtet euch nicht. Legt euch eine gute Strategie zurecht!

Bewahrt euren inneren Frieden! Führt eure Arbeit kontinuierlich fort. Handelt entsprechend und beständig.

ÜBER ÄRGER UND KRITIK

Häufiger Ärger bringt Unglück. Denkt nach. Minimiert euren Ärger! DER SINN BE-STEHT NICHT DARIN, GEFÜHLE ZU UNTER-DRÜCKEN, SONDERN SIE ZU ORDNEN. Wenn ihr ruhig bleibt, seid ihr in der Lage, euch auf euer Ziel zu konzentrieren. Ärger ist eine Folge. Eine Folge wovon? Wie ist der Ärger entstanden? Betrachtet einige Ursachen von Ärger:

* Seinen Willen nicht durchsetzen können – Frustration
* Mangel an Selbstvertrauen oder Frustration mit sich selbst
* Mangel an Verständnis
* Angst, die zu Aggressivität führt
* Enttäuschung
* Selbstgerechte Entrüstung

* Unerfüllte Erwartungen
* Ungeduld
* Unerwarteter Verlust
* Unterdrückte Gefühle
* Verhaftet sein
* Stolz
* Übertreten der persönlichen Grenzen

Entscheidungen, die im Ärger getroffen werden, können zu hart sein. Zu viel Härte ist mit Grausamkeit gleichzusetzen.

Sich von seinem Ärger überwältigen zu lassen, ist verrückt.

Lasst euch nicht von euren Gefühlen überwältigen. Jemand, der seinen unbändigen Gefühlen unterliegt, IST DEREN SKLAVE.

Wenn ihr rachsüchtig seid, werdet ihr keinen inneren Frieden haben.

Streitet nicht. Überprüft zuerst die Fakten

und kontrolliert sie noch einmal. Ergründet die Ursache des Problems.

Wenn jemand aggressiv ist und ihr die negative Energie zurückweist, wird sie auf den anderen zurückgeworfen, es sei denn, ihr wandelt diese negative Energie um in Frieden, Liebe, Harmonie und Verständnis.

Verwendet energetischen Selbstschutz auf harmlose Weise.

Wenn ihr auf jemanden wütend werdet und kurz davor seid, etwas Gemeines zu sagen oder tun, berührt euer Herz und segnet die Person. Sagt in der Stille:

„Gottes Segen und Frieden
sei mit mir und sei mit Dir."

Wiederholt dies sieben Mal.

Wenn ihr wisst, dass jemand euch verbal

angreifen wird, verschränkt die Arme über eurem Solarplexus-Chakra.

Affirmiert:

"HERRGOTT, DANKE FÜR
DAS SCHÜTZENDE AURA-SCHILD!"

Manche Menschen sticheln viel. Reagiert nicht auf ihre Provokation, es sei denn ihr könnt es sehr scharfsinnig. In dem Augenblick, in dem ihr reagiert, seid ihr psychisch verstrickt. Das ist genau, was diese Personen erreichen wollen. Sie wollen eure Aufmerksamkeit. Sie wollen eure Energie. Reagiert nicht. Bewahrt Abstand. So ein Mensch ist wie ein Krake.

Je enger ihr mit einer Person interagiert, desto mehr psychologische Spannungen werden entstehen. Versucht eure Hände gegeneinander zu reiben. Es entsteht Reibung. In einer Beziehung ist mehr liebevolle Freundlichkeit und größeres Verständnis erforderlich.

Gleicht Aggressivität und Strenge dadurch aus, dass ihr Gnade und Mitgefühl übt. Berührt Euer Herz, bevor ihr etwas Energisches sagt.

Wenn jemand in die Enge getrieben wird und es keinen Ausweg gibt, wird er kämpfen wie ein Tiger. Der Taoistische Weg ist es, ein kleines Loch für die Flucht zu lassen.

Mit einem starken Ajna Chakra kann ein Mensch unter enormem Druck stehen und dennoch lächeln!

Manchmal ist es natürlich, wütend zu sein, aber dennoch muss man körperliche und verbale Gewaltlosigkeit (AHIMSA) praktizieren.

Wenn man mit Schlamm wirft, werden die Hände schmutzig. Ihr könnt keinen „Schlamm" werfen, ohne dass Ihr eure eigene Seele verunreinigt.

Es ist in Ordnung, die Fehler oder Unzulänglichkeiten einer Person zu erkennen, aber SICH NUR DARAUF ZU FOKUSSIEREN UND IMMER WIEDER DARÜBER NACHZUDENKEN IST ÜBERTRIEBEN. Kritisiert nicht andauernd mental anderer Leute Fehler! Übertriebene mentale Kritik muss reduziert werden. Es liegt in der menschlichen Natur, Fehler zu machen. LASST DIE MENSCHEN SO SEIN WIE SIE SIND.

Kritik, die aus dem Solarplexus-Chakra kommt, sollte minimiert werden. Sie sollte behutsam und mit Ruhe aus dem Herz-Chakra kommen, nicht vom Solarplexus. Wenn Kritik notwendig ist, berührt Euer Herz-Chakra. Denkt zuerst an all die guten Dinge, die diese Person getan hat. Erinnert euch selbst daran, dass JEDER FEHLER MACHT.

ÜBER VERGEBUNG

Bei Vergebung geht es nicht darum, wer Recht hat und wer nicht. Es geht darum, das Richtige zu tun.

Mitgefühl bedeutet zu vergeben. Es gibt sowohl innere als auch äußere Vergebung. Innere Vergebung gilt für ALLE MENSCHEN, doch äußere Vergebung muss sich nach der Schwere des Falles richten. Wenn der Fehler oder das Verbrechen schwerwiegend ist, kann dem Missetäter nicht vergeben werden. Es muss Gerechtigkeit und Ordnung herrschen, sonst gibt es Chaos.

Innere Vergebung ist therapeutischer Natur. Wenn ihr nicht vergebt, könnt ihr innerlich nicht geheilt werden. VERGEBUNG HEILT DIE SEELE.

Junge Menschen sehen gut aus, weil sie noch nicht vom Leben gezeichnet wurden. Ihr müsst lernen zu vergeben oder ihr werdet vertrocknen wie totes Holz.

Eure spirituelle Entwicklung hängt von eurer Fähigkeit ab, anderen zu vergeben. Um in der inneren Welt „fliegen" zu können, müsst ihr innerlich vergeben.

Wenn ihr nicht vergebt, werdet ihr weiterhin an den Missetäter und das unerfreuliche Ereignis denken. Indem ihr vergebt und segnet, hört ihr auf, euch in Schlamm zu suhlen und erreicht inneren Frieden und Freiheit.

Seid nicht unglücklich. Lasst die Vergangenheit ruhen! Lasst los, lernt zu vergeben und zu vergessen. Lasst los und geht weiter!

Die Art und Weise, in der ihr mit euren Feinden umgehen solltet, ist zu vergeben und zu vergessen. Sonst werdet ihr zu deren Kindermädchen, Mutter oder Vater, und müsst in zukünftigen Leben ihren Hintern abwischen. Wut und Hass kettet zwei Selen aneinander.

Lernt zu Vergeben, Vergeben, Vergeben! Fordert nicht „Auge um Auge." Wenn ihr vergebt und um Vergebung bittet, wird die Verbindung zwischen euch getrennt.

Um frei zu werden, müssen manche Menschen immer wieder bewusst vergeben.

Wut und Hass ketten Menschen aneinander! Wenn ihr jemanden hasst, entsteht dadurch eine energetische Verbindung mit dieser Person. Ihr kettet euch dadurch an diese Person und eure Seelen werden miteinander verstrickt. Wenn ihr frei sein wollt, müsst ihr Menschen vergeben.

Sagt in der Stille:

„ICH VERGEBE DIR. GOTTES SEGEN UND
FRIEDEN SEI MIT MIR UND SEI MIT DIR"

Wiederholt dies sieben Tage lang siebenmal.

Vergebt anderen Menschen, bevor ihr um
Vergebung bittet.

Je sensibler ihr werdet, desto mehr müsst
ihr Geduld und Vergebung üben.

VERGEBT! VERGEBT! VERGEBT! WIE IHR
VERGEBT, SO WIRD EUCH VERGEBEN.

ÜBER BEZIEHUNGEN

Eine schwierige Beziehung hilft, Geduld, Toleranz und Vergebung zu entwickeln.

Ganz gleich, wie süß und wunderbar euer Geliebter ist... es wird immer Unzulänglichkeiten geben. Rosen haben immer Dornen. Seid glücklich!

Wenn ihr euch einen Lebenspartner aussucht, der oder die über gutes Karma verfügt, werdet ihr wahrscheinlich wohlhabend und erfolgreich sein.

Wenn ihr auf einen Gegner trefft, versucht euch möglichst nicht zu streiten. Macht euren Gegner zu einem Freund, dann wird es nichts mehr zum streiten geben.

Seid achtsam. Wenn euer Energieniveau steigt, können Dinge, die ihr sagt, andere stärker treffen und verletzen!

Setzt euch ein Ziel für eure Beziehung. Betrachtet den Zustand eurer Beziehung im Moment. Habt ihr eine gute Verständigung mit eurem Partner? Könnt ihr innige Gespräche miteinander führen? Wo möchtet ihr in zehn Jahren mit diesem Partner sein?

Denkt an all die schönen Dinge, die euer Partner für euch getan hat! Verhaltet euch liebenswürdig dem anderen gegenüber.

Wo viel Liebe ist, erhöht sich die Schwingungsrate!

Wenn man fortgeschrittene Meditationen praktiziert, kann es zu psychischem Kundalini-Syndrom kommen. Das kann ernsthafte Beziehungsprobleme auslösen. Lasst euch nicht sofort scheiden! Die Angelegenheit kann sich innerhalb weniger Monate von selbst erledigen.

Beziehungsprobleme sind wie Wirbelstürme. Sie kommen und sie gehen.

Wenn zwei Menschen eng miteinander umgehen, gibt es Reibungen. Liebe ist der notwendige Schmierstoff – in Form von liebevollen Gedanken, liebevollen Gefühlen, liebevollen Worten und liebevollen Handlungen.

Das Familienleben ist eine der schnellsten Wege zu spiritueller Weiterentwicklung. Es kommt dabei unvermeidlich zu Spannungen. Ihr entwickelt Selbstlosigkeit, Selbstbeherrschung, Geduld, Flexibilität und Toleranz.

Wenn ihr eure Kinder nicht zurechtweist, werden sie in der Zukunft zu einer Belastung werden.

Wisst ihr, weshalb ihr Kinder habt? Es ist um euer Herz zu entwickeln. Kinder wollen immer haben, haben, haben. Als Eltern müsst ihr geben, geben, geben.

Hindernisse sind ein Teil des Lebens. IHR SOLLTET SIE FLIESSEND UMSCHIFFEN.

Probleme im Leben machen euch stärker und einfühlsamer.

Vermeidet wenn möglich unnötige direkte Konfrontationen. Versucht die Sache zivilisiert* und diplomatisch anzugehen.

Seid realistisch! Jeder begeht Fehler. Vergebt und vergesst und lebt weiter euer Leben. Wenn ihr einer Person Liebe schenkt, lasst

---

* Manchmal verhalten sich gewisse Menschen wie die Wilden oder sogar noch schlimmer als Tiere. Das Wort „zivilisiert" wurde von Master Choa Kok Sui geprägt, um zu unterstreichen, wie notwendig es ist, sich wie ein wirklich zivilisierter Mensch zu verhalten.

ihr sie wachsen.

Immer wieder über anderer Leute Fehler zu sprechen ist Nörgelei.

Nörgeln funktioniert nicht. Warum also eure Zeit verschwenden? Stellt euch vor, dass der andere sich korrekt verhält ... sich in der richtigen Weise verhält. Was ihr denkt und was ihr sagt neigt dazu, sich zu manifestieren. ÜBT HARMLOSIGKEIT IN GEDANKEN, WORTEN UND TATEN.

Ihr seid frei, euch im Schlamm zu suhlen oder wieder zu lieben, zu leben und glücklich zu sein!

Vertrocknet nicht und hört nicht auf zu leben. Liebt und lebt weiter!

Macht nicht andere Menschen für eure Probleme verantwortlich. Übernehmt für eure Handlungen die Verantwortung!

Oberflächliche Beziehungen neigen dazu, nicht lange zu halten.

Versprechen, die leicht gegeben werden, werden meistens nicht eingehalten. Obwohl dies ein geläufiges Sprichwort ist, erinnern sich viele Menschen in der Regel nicht an diese Wahrheit. Deshalb begehen sie diesen schwerwiegenden verbreiteten Fehler.

Falls ihr – aufgrund eurer Sensibilität – wisst, dass andere unsicher sind oder negative Gedanken haben, akzeptiert sie einfach so wie sie sind und haltet euch von ihnen fern.

Könnt ihr euch ohne Spiegel zurechtmachen? Jemand, der euch nicht mag, ist wie ein „Spiegel". Er kann euch helfen, spirituell zu wachsen.

Manchmal, wenn ihr beleidigt seid, bringt euch der Schmerz dazu, euch zu verbessern und dadurch weiterzuentwickeln.

Ihr werdet immer wieder auf die Probe gestellt, bis ihr eure Lektion gelernt habt.

Wenn jemand gemein ist, könnt ihr davon ausgehen, dass diese Person unreif ist.

WIE MAN SICH VON UNANGENEHMEN MENSCHEN BEFREIT

Wie geht ihr mit Menschen um, die euch beständig irritieren, mit jenen unangenehmen Menschen in eurem Leben?

Trennt die Verbindungsschnur in eurem vorderen und rückwärtigen Solarplexus Chakra.

Sagt in der Stille:

„NAMASTE! DAS GÖTTLICHE IN DIR SEI GEGRÜSST. WIR SIND ALLE KINDER GOTTES. WIR ALLE MACHEN FEHLER. WIR ALLE ENTWICKELN UNS.

Ich vergebe Dir. Gottes Segen sei mit Dir. Gehe in Frieden."

Wiederholt dies siebenmal sieben Tage lang.

ÜBER DIE LIEBE

Wahre Liebe bringt Menschen dazu, die Dinge klar und genau zu sehen.

Als „Wesen von göttlicher Liebe" sollten eure Worte gütig und sanftmütig, nicht aber verletzend sein. Wenn ein Baby seine Windel schmutzig macht, schreit ihr es nicht an – genauso solltet ihr euch gegenüber jungen unreifen Seelen (in erwachsenen Körpern) verhalten.

Liebe ist der Nährboden, auf dem eure Seele wachsen kann. Durch tiefe Liebe könnt ihr eins mit eurem Geliebten und eins mit Allem werden.

Der wahre Grund für psychologische Leiden ist mangelnder Seelenkontakt. Liebe wirkt therapeutisch!

Bringt eurem Partner liebevolle Freundlichkeit entgegen und er wird aufblühen.

In der Ehe gibt man viel Liebe und verzeiht viel. Liebe ist das „Schmiermittel"!

Höchste Offenheit zwischen Partnern kann entstehen, wenn sie beide viel Liebe füreinander verspüren. Wenn ihr viel Liebe spürt, könnt ihr das Göttliche in eurem Partner erleben.

Welche Qualität hat eure Beziehung? Welche Art von Energie habt ihr eurem Partner zukommen lassen? Ihr könnt über eure Beziehung viel erfahren, wenn ihr auf das achtet, was euren Mund verlässt.

ÜBER SEX

Sex ist natürlich! Wenn Sexualenergie nicht unterdrückt wird und richtig kanalisiert wird, kann sie euch zu Samadhi oder Erleuchtung führen. Sex ist heilig.

Wenn wir hier über „Sex" sprechen, ist Sexualenergie gemeint.

ERKENNT DAS GÖTTLICHE IN EUREM GELIEBTEN! Sexuelle Vereinigung verbunden mit der richtigen spirituellen Einstellung zu eurem Partner macht euch schließlich erst zu einem wirklichen BRAHMACHARYA. BRAHMAN bedeutet „Gott". Ein ACHARYA ist jemand, der „übt". Ein Brachmacharya ist jemand, der „Eins-Sein mit Gott übt."

Ist euch aufgefallen, dass ihr euch nach

dem Orgasmus manchmal ganz leer fühlt? Das rührt daher, dass ihr das Göttliche in euch und in der Person, mit der ihr es zu tun habt, nicht erkannt habt.

Für einen gewöhnlichen Menschen ist ein Orgasmus die der Glückseligkeit am nächsten stehende Erfahrung.

Um aus der sexuellen Vereinigung mit eurem Partner eine spirituelle Erfahrung zu machen, sagt einfach: „NAMASTE! ICH GRÜSSE DAS GÖTTLICHE IN DIR!"

Sexualenergie ist wie spiritueller Treibstoff. Wenn Sexualenergie kontrolliert und umgewandelt wird, kann sie zu göttlicher Vereinigung führen.

Sexualenergie kann in Liebe und Gnade sowie in höhere Intelligenz und spirituelle Energie umgewandelt werden.

Der Schlüssel besteht darin, die Sexualenergie umzuwandeln, NICHT ZU UNTERDRÜCKEN. Wenn Sexualenergie sich von den unteren Chakren hoch zum Herzen, zum Hals und zur Krone bewegt wird sie in Liebe, Güte, Intelligenz, Erleuchtung und göttliche Einheit verwandelt.

Betrachtet Sex realistisch und auf unbeschwerte Weise. Sexualenergie wird benötigt, um eure Gehirnzellen zu verbessern. Sex, Zärtlichkeit und Intimität sind gut, aber ihr braucht auch einen FUNKTIONSFÄHIGEN VERSTAND.

BERÜHRT NICHT DEN PARTNER EINES ANDEREN! Zerstört keine Familie. Das ist sehr verletzend.

Eure Energie muss mit der eures Partners zusammenpassen. So ist zum Beispiel der Energiekörper eines Vegetariers erheblich reiner als der eines Nicht-Vegetariers oder Rauchers.

Seid bei eurer Partnerwahl selektiv! PRAKTIZIERT ENERGETISCHE SAUBERKEIT UND HYGIENE.

Verunreinigungen treten auf, wenn ihr viele verschiedene Partner habt. Leidenschaft muss kontrolliert werden. Es ist zwar nichts falsch an Verlangen, doch dürft ihr euch nicht davon versklaven lassen.

Sexuelles Verlangen, das Priester oder Yogis haben, muss nicht ihr eigenes Verlangen sein! Es kann die Begierde anderer sein, die sich zu ihnen hingezogen fühlen.

Kontrolliert eure niedere Natur. Unterdrückt sie nicht. Kontrolliert sie. Sex ist gut, doch in Maßen.

Frauen sind von Natur aus tantrisch*, es sei denn sie sind durch Kultur oder Religion psychologisch deformiert.

---

* In diesem Zusammenhang bedeutet Tantra einfach „heiliger Sex".

ÜBER TOD UND STERBEN

Zu sterben bedeutet geboren zu werden. Mit dem Tod kommt Freiheit!

Der Tod bringt Fortschritt. Ohne den Tod gibt es nur Stagnation.

Der Tod des physischen Körpers löscht nicht die erzeugten karmischen „Ursachen" aus. Das karmische Gesetz ist sehr präzise. Die Seele wird in der Zukunft die Konsequenzen tragen müssen.

Sterben ist eine Wissenschaft. Hängt nicht an eurem Körper. Letzten Endes wird ALLES, das existiert, sterben.

Sterbt in Würde. Geht nicht schreiend und im Kampf. STELLT EUCH AUF DAS STRAH-

LENDE LICHT EIN.

Seid im Augenblick eures Todes ruhig! Wenn es Weinen, Schreie oder Ablenkung gibt, wird die sterbende Person das Licht verpassen. STERBENDE SOLLTEN SICH MIT DEM LICHT VEREINIGEN.

Wir können diese Vereinigung mit dem Licht durch die regelmäßige „Meditation über die Seele"* in den Wochen vor dem Tod üben.

„Die Meditation über die Seele" reinigt euch und bereitet euch auf die Innere Welt vor. Übt sie regelmäßig!

Sterbenden Menschen die „Meditation über die Seele" beizubringen hilft ihnen, sich auf die Höhere Welt vorzubereiten. Wenn der

---

* Lest Master Choa Kok Sui's „Meditations for Soul Realization" (dt: In die Stille gehen – Einswerden mit der Seele).

Körper stirbt, begibt sich die Seele in einen Lichtkörper. Durch die Konzentration auf die Blaue Perle im Augenblick des Sterbens kann man sich mit dem Licht verbinden, wenn es herabkommt.

In den ersten drei bis fünf Stunden nach dem Tod sollte der/die Verstorbene weder physisch noch psychologisch gestört werden.

Selbst wenn der/diejenige ohnmächtig ist, kann das Mantra OM** noch gespielt werden.

** Benutzt Master Choa Kok Sui's CD „OM, der Klang der Stille".

ÜBER DIE WELT

Der Schlüssel zum Weltfrieden ist es, Menschen beizubringen selbständig zu denken und das eigene Urteilsvermögen anzuwenden.

Gnade und Vergebung müssen mit der Notwendigkeit von Frieden und Ordnung ins Gleichgewicht gebracht werden. Es ist die Pflicht der Autoritäten, schädliche Handlungen abzuwenden.

Manchmal ist es an der Zeit „Genug!" zu sagen. Dann ist die Zeit reif für Veränderung. Manchmal müssen wir „Stopp!" sagen.

Die Menschen müssen den Willen zu Veränderung mitbringen. Der Status quo kann nicht toleriert werden.

Für wahre Gerechtigkeit darf man nicht nur die Fehler einer Person sehen! Man muss auch ihre guten Taten in Betracht ziehen. Gerechtigkeit muss auf der gesamten Wahrheit beruhen, nicht auf Halb-Wahrheiten. Die Waage der Gerechtigkeit hat zwei Waagschalen.

Wenn das System fehlerhaft ist, bringt es Leute dazu, böse zu werden.

Indem sie sich in einem bestimmten Land inkarniert, entwickelt die Seele gewisse Eigenschaften.

Der Aufstieg und Niedergang eines Landes resultiert aus seinem Karma.

Länder, die auf andere Länder herabsehen, werden gedemütigt werden. Das ist das karmische Gesetz. Sie sollten sich in Mitgefühl üben.

Kriege treten auf, weil Menschen nicht klar und scharf denken können. Sie sind leichtgläubig und lassen sich von dubiosen religiösen, militärischen und politischen Führern leicht manipulieren. Deshalb ist gute Bildung und Ausbildung für die breite Bevölkerung eine absolute Grundvoraussetzung für den Weltfrieden.

Man sollte sich nie Rassismus oder Fanatismus hingeben.

Physische Gewalt kann durch direkte, indirekte oder fehlende Handlung ausgelöst werden.

Unter extremen Bedingungen ist Gewalt notwendig, um Schäden zu minimieren oder abzuwenden.

Extreme Situationen erfordern extreme Maßnahmen!

Manchmal ist die Anwendung von Zwang erforderlich, um Liebe und Güte ausdrücken zu können.

Wenn eine Regierung darin versagt, ihre Pflicht zu tun, ist das ein schädlicher Unterlassungsakt!

Der Unterschied zwischen einem reichen und einem armen Land besteht auch in dem Bewusstsein der Menschen.

Die Größe und der Erfolg eines Landes hängen von der Größe einiger weniger Seelen ab.

Wenn euer Land reich sein soll, müssen die Menschen Kaufkraft haben. Macht die Arbeiter und Bauern reich und euer Land wird erfolgreich sein!

HABE ICH ETWAS GESAGT?

Seminare von Master Choa Kok Sui

Pranaheilung – Grundkurs

Pranaheilung – Fortgeschrittenenkurs

Psycho-Prana

Prana-Kristall-Heilung

Prana-Selbstheilung

Energetischer Selbstschutz

Kriyashakti für Erfolg und Wohlstand

Meditation über die Seele

Arhatic Yoga

Arhatic – Sexuelle Alchemie

Hellsichtigkeit

Prana Feng Shui

Meditation zum Vater Unser

Spirituelle Unternehmensführung

Kontaktadressen

Institute for Inner Studies, Inc.

Suite 808 G/F Island Plaza,
Salcedo Leviste St., Salcedo Village,
Makati City 1227, Philippines
Tel. +63 2 819-1874; 812-2326; 813-2562
Fax +63 2 731-3828
E-Mail: iis@pacific.net.ph
Website: www.pranichealing.org

Informationen zu Seminaren

In Deutschland:

Prana Germany e.V.

Sollner Str. 71
D-81479 München
Tel. +49 89 79 52 90
Fax +49 89 74 94 96 29
E-Mail: info@prana-heilung.de
Website: www.prana-heilung.de

In der Schweiz:

Pranic Healing Schweiz
Hauptstrasse 2
CH-6033 Buchrain
Tel.: +41 848 77 26 42 oder
        +41 848 PRANIC
E-Mail: info@pranichealing.ch
Website: www.pranichealing.ch

In Österreich:

Institut für Energiearbeit
Schopenhauerstaße 52
1180 Wien
Tel. und Fax: +43 (01) 408 54 55
E-Mail: office@energie-institut.com
Website: www.energie-institut.com

MASTER CHOA KOK SUI

ANGEWANDTE SPIRITUELLE WISSENSCHAFT

DIE ENTSTEHUNG DER
PRANAHEILUNG
UND DES ARHATIC YOGA

Master Choa Kok Sui

DIE ENTSTEHUNG
DER PRANAHEILUNG UND
DES ARHATIC YOGA

Innere Studien Verlags AG
ISBN 3-939546-038
287 Seiten, gebunden
€ 24,50

Master Choa Kok Sui

Superbrain Yoga

Innere Studien Verlags AG
ISBN 978-3-939546-04-7
111 Seiten, gebunden
€ 17,95

Sai Cholleti / Alexander R. Thiel

LEBENSLUST UND LEBENSKRAFT

Die sieben Kraftkreisläufe des Menschen

KOHA-Verlag

ISBN 978-3-86728-027-3

168 Seiten, gebunden

€ 14,95

Master Choa Kok Sui

MEDITATION
ÜBER ZWEI HERZEN

CD

KOHA-Verlag
ISBN 978-3-929512-65-3
2 geleitete Meditationen, engl./deutsch
€ 19,50

Sai Cholleti

Das Geschenk
des inneren Friedens

CD

KOHA-Verlag

ISBN 978-3-936862-84-3

3 geleitete Meditationen, deutsch

€ 12,95